CARTOON ESSEN

D1677888

Thomas Plaßmann

Die Stadtgeschichte
in Cartoons

Verlag Pomp & Sobkowiak · Essen

© 1986 by Verlag Pomp & Sobkowiak
Druck: Druckerei Peter Pomp GmbH, Essen
ISBN 3-922693-21-0

für Susanne und Alphonse

Vorwort

Mit dem vorliegenden Büchlein bietet Thomas Plaßmann eine eigene, ganz persönliche Betrachtung Essener Geschichte an. Viele der von ihm zusammengestellten Fakten mögen dem nur beiläufig interessierten Leser neu sein. Aber das, was für den Autor wichtig ist, ist das Cartoon, die bildliche Darstellung, die der Phantasie freien Raum läßt, die Belangloses wichtig nehmen darf, sich der Dinge manchmal zärtlich und liebevoll, manchmal bärbeißig-satirisch annimmt.

Eigenart von Cartoons ist es, auf den ersten Blick arglos zu wirken. Doch sind gerade in dieser Arglosigkeit oft bohrende Fragen versteckt, Fragen, die „auf den Punkt kommen" und zum Nachdenken, zum Weiterfragen anregen.

Geschichtsbetrachtung einmal anders. „Pourqui pas?", wie man im cartoonfreudigen Frankreich sagt — „warum nicht?".

Dr. Wolfgang Schulze

Wer käme wohl auf den Gedanken, daß sich aus diesem unscheinbaren Schachtelhalm einmal die Grundlage für eine der bedeutendsten Industrieregionen der Erde entwickeln sollte? Das Schachtelhälmchen selbst wohl am wenigsten.

Schaukelten es und ungezählte seiner Artgenossen sanft im urzeitlichen Wind, so geschah es, daß sie durch so manchen umstürzenden Schuppenbaum, durch Schlamm, durch Veränderungen der Erdoberfläche und ähnliches zunehmend unter Druck gerieten, bis ihnen, in mittlerweile bis zu einigen hundert

Metern Tiefe, gänzlich die Luft ausging und sie nun dort ruhten, bis man ihre da unten gewonnenen Eigenschaften zu schätzen begann, und zwar in einem solchen Maße, daß man nicht zögerte, die verkohlten Pflanzenreste fortan als „schwarzes Gold" zu bezeichnen. Bis dahin sind es allerdings noch ein paar Millionen Jährchen . . . und wir wollen nicht vorgreifen!

Der Grund und Boden, auf dem später die Stadt, von der hier
die Rede sein soll, allmählich heranwuchs, machte im Laufe der
Zeit tiefgreifende Veränderungen durch. Mal zum Gebirge
gefaltet, mal Meeresboden bildend, war er von allerlei Flora

bewachsen und Fauna betreten. Dort, wo sich heute Essens
Rathaus in den Ruhrgebietshimmel streckt, reckte sich vor einigen Millionen Jahren anderes von nicht geringerer Imposanz in
die Höhe.

12

Da wir uns aber nicht zu lange in der grauen Vorzeit aufhalten

wollen, schreiten wir ein Stückchen weiter fort, zu dem Zeitab-

schnitt, als es auf der Erde menschlich zu werden begann.

Eine ganze Weile konnten sich, bis an die heutige Stadtteil-
grenze von Werden etwa, unsere Vorfahren, ohne von eis-
schmelzendem Sommerwetter unterbrochen zu werden, aus-
giebig wintersportlichen Vergnügungen hingeben.

Hatte sich das Eis dann doch zurückgezogen, so durchstreiften
Jäger und Sammler die karge Steppe. — Bis der Wald kam!

Und der kam gewaltig. So gewaltig, ausgedehnt und dicht, daß er es den mittlerweile zu Germanen gewordenen Ahnen ledig-

lich erlaubte, hier und da kleine Löcher in sich hineinzuschla-

gen, wo dann meist äußerst bescheidene Höfe errichtet wurden.

Von großräumiger Besiedlung keine Rede.

Da nun im allgemeinen selbst spärlichste Besiedlung kein hinreichender Grund zu sein scheint, von einer Eroberung abzusehen, zögerten auch die Römer nicht lange, überschritten von ihren am linken Ufer gelegenen Lagern den Rhein und machten das Land zwischen Lippe und Ruhr zu einer ihrer zahlreichen Provinzen.

Da sie aber die Germanen offensichtlich nicht von ihrer feineren Lebensart überzeugen konnten, begab es sich, daß die Römer nach einer für sie ausgesprochen unangenehmen Wald-

begehung im Jahre 9 n. Chr. es vorzogen, die Gebiete östlich des Rheins fortan nur noch selten aufzusuchen.

Allmählich gingen die ruhmbefleckten Germanen im Stammesverband der Franken auf, die die Akzente auch im Niederländischen und Französischen setzten. Da nun aber auch die Sachsen die sanften Lande an Lippe und Ruhr zu schätzen wußten, drängten sie von Nordosten kommend, die Franken nach Südwesten ab. Was unter anderem dabei herauskam, war, daß die Grenze zwischen beiden das heutige Stadtgebiet durchschnitt.

Da aber Grenzen dazu neigen, nicht nur gewaltlos überschritten zu werden, zumal wenn jene auf der einen Seite andere Vorstellungen von den geistlichen Dingen haben, als die auf der anderen, gab es ständig Ärger.

Dieses permanente Theater war den Franken Anlaß genug, am linken Ruhrufer südlich von Werden (dort, wo man heute von Heidhausen spricht) eine Burg anzulegen — ein schützender Hort, der für sich in Anspruch nehmen darf, nicht besonders lang seinen Zweck erfüllt zu haben (von ca. 700 — 750), sowie das älteste Bauwerk auf heutigem Essener Boden gewesen zu sein, von dem Kunde zu uns gedrungen ist.

Die Grenze wurde aber nicht nur von allerlei Kriegsvolk zur Überquerung genutzt, sondern auch emsig von fränkischen Missionaren, die allerdings häufig auf sächsischer Seite mit wenig ausgesuchter Höflichkeit empfangen wurden. Des ständigen Gerangels müde, erschien endlich Karl Martell persönlich und verlagerte die Grenzkonflikte erstmal nach Bochum, so daß in Essen etwas mehr Ruhe einkehren konnte. Das heißt, Essen gab es ja noch gar nicht.

Zu jener Zeit wurde erst der Kern gepflanzt, aus dem die Stadt hervorgehen sollte. Genau an der Stelle, wo sich die alte Nord-Süd-Verbindung (der Helinki-Weg) mit der bedeutsamen Ost-West-Verbindung (dem Hellweg) kreuzte, entstand bei ein paar Gehöften eine Burg. (Der aufmerksame, geschichtsbewußte Autofahrer wird auch heute noch bei seiner stockenden Fahrt von Duisburg nach Dortmund, an die alt-ehrwürdige Ost-West-Verbindung erinnert, die durch ihr jahrhundertealtes, gleichbleibend hohes Verkehrsaufkommen und den stets bei-spiellosen Ausbauzustand noch immer beredte Kunde ihrer fortwährenden Wertschätzung gibt.)

Nun, dieses ausgebaute Fleckchen trug den Namen Asnidhi, wobei man nicht genau weiß, worauf dieser Name zurückgeht. Auf jeden Fall soll sogar Karl der Große, so sagt man, bei seinen zahlreichen Feldzügen gegen die Sachsen durch Asnidhi gekommen sein.

Neben den beiden Karls ist aber vor allem der Name des späteren Bischofs zu Hildesheim für die Gründung Essens von größter Bedeutung.

Wahrscheinlich in Asnidhi zur Welt gekommen, legte Altfrid
852 den Grundstein zur Münsterkirche.

Seine Gründung war allerdings nicht nur von Stein, sondern er

erfüllte sie in Form eines Damenstiftes mit Leben. Hier sollten nach seinem Willen Damen des Hochadels eine standesgemäße und fromme Erziehung, wohlbehütet und in nicht zu strenger Regel erfahren.

Der Besitz umliegenden Landes und anderer Privilegien garantierte einen angenehmen Lebensstil und auch politische Macht.

Die erste Äbtissin des Stiftes wurde Gerswida, Altfrids Schwe-
ster. Die fromme Einrichtung sollte tausend Jahre lang die
Geschichte Essens mehr oder weniger heftig mitbestimmen.
Natürlich darf nicht unerwähnt bleiben, daß etwa zur selben
Zeit ein anderer Bischof, diesmal der von Münster, ein Kloster
gründete. Unweit des Werdener Ruhrufers begann nach Liud-
gers Willen die Ausbildung von Missionaren für die dem Chri-
stentum noch immer wenig zugeneigten Sachsen.

Um das Münster und das Damenstift herum, begann Asnide allmählich zu wachsen und umgab sich 1244 sogar mit einer Stadtmauer. Das ganze Mittelalter hindurch war die Stadt zwar nicht gänzlich unbedeutend, aber auch nicht unbedingt die Zierde des Reiches. Stets lag das alte Essen im Streit um seine Unabhängigkeit im Clinch mit dem Erzbischof von Köln, hatte

sich mit den Ansprüchen der Äbtissinnen herumzuschlagen, und mit den Begehrlichkeiten anderer umliegender Landesherren. Das Interesse an der kleinen Stadt darf aber nicht darüber hinwegtäuschen, daß Essen damals, sieht man vom mehr oder weniger regen Handel ab, das Schicksal verhältnismäßiger Belanglosigkeit mit vielen anderen mittelalterlichen Städten teilte.

Essen wäre wohl auch kaum über die Hügel des Bergischen
Landes hinaus zu größerer Bekanntheit gelangt, hätten nicht
einige Handwerker den Ruf der Stadt begründet, der auch
heute noch in den Ohren schallt, wenn von Essen die Rede ist.

Denn schon im 16. Jahrhundert wurde ihr Name hauptsächlich im Zusammenhang mit der Herstellung hochwertiger Waffen genannt. Büchsen und Musketen aus Essener Werkstätten waren bald über die Grenzen der teutschen Lande ein hochbegehrtes Gut.

Die Geschichte Essens wird zu jener Zeit aber auch von einer besonderen juristischen Glanzleistung erhellt. Es ging mal wieder um den alten Streit zwischen dem Damenstift und der Stadt, wer denn nun eigentlich das Sagen hat. Da man auch gerade bei solchen Fragen ungern auf den gescheiten Rat der Juristen verzichtete, rief man die Gerichte an und harrte des Urteils. Und man harrte 102 Jahre lang. 1670 endlich lag der richterliche Spruch vor. Das Ergebnis: Es blieb alles wie es war − vor allem die Unklarheit. Um dem leidigen Prozeß ein Ende zu bereiten, stimmte die Äbtissin dem Urteil zu. Nicht so die Vertreter der Stadt. Sie legten Revision ein, die nach weiteren rund hundert Jahren verworfen wurde. Zwischendurch war unter anderem der Dreißigjährige Krieg übers Land gegangen

und hatte den Essenern neben den üblichen Wunden tiefe Einsichten in die bunte Vielfalt europäischer Volksgruppen geboten, da die Stadt während des Krieges Soldaten aller möglichen Nationalitäten zu beherbergen das zweifelhafte Vergnügen hatte.

Es kamen:

. . . SPANIER . . .

. . . FRANZOSEN . . .

. . . ITALIENER . . .

. . . PAPPENHEIMER . . .

. . . SCHWEDEN . . .

. . . HOLLÄNDER . . .

43

. . . UND HESSEN . . .

Waren die Blessuren auch nicht ganz so tief, wie an anderen Orten, über die der Krieg hinweggegangen war, so hatte er doch seine rußgeschwärzten Spuren in die Geschichte der Stadt eingegraben. Ruhe allerdings kehrte auch nach dem Friedensschluß nicht ein. Der ständige Streit zwischen Stift und Stadt brachte immer neuen Ärger und Soldaten. So fristete die Stadt bald ein sehr bescheidenes Dasein, lebte vom Handel und der Tuchproduktion. Die einst florierende Büchsenmacherei war dem Niedergang verfallen, und die Handwerker mußten letztlich ihr Geld durch die Herstellung von Kaffeemühlen verdienen. Was aber war aus der seligen Vorstellung Altfrids geworden? Essen war zu Beginn des 19. Jahrhunderts eine ziemlich heruntergekommene, rückständige Kleinstadt. Ein Reisender berichtet: „ . . . allen Bequemlichkeiten des Lebens muß man in Essen entsagen. Echte Geselligkeit ist hier fremd, wie echte Kultur und Humanität . . .” und weiter „ . . . der kehre um vor dieser Stadt, oder leiste Verzicht auf reine Freuden sobald er sie betritt.”

Was folgt: Die Preußen!

Ab August 1802 zierte der preußische Adler, unter dessen Zeichen Westfalen annektiert worden war, die öffentlichen

Gebäude. Mit ihm kam die Säkularisation, die durch Enteig-
nung der Kirche die Möglichkeit gab, sich mit ungeteilter Kraft
fortan wieder ganz ihren geistlichen Aufgaben zu widmen.

So wurde z.B. aus Teilen der Werdener Abtei ein preußisches Zuchthaus. Der langersehnte direkte Postanschluß Essens, den die Preußen installierten, konnte allerdings das Wohlwollen der Bürger gegenüber anderen Maßnahmen der neuen Verwaltung nicht hervorrufen. Die preußische Besatzung zog ab und man freute sich über die nun ankommenden Franzosen, die ihrerseits wieder von den Preußen vertrieben wurden, welche nach Ausbruch der preußisch-französischen Feindseligkeiten erneut von holländischen und französischen Regimentern ersetzt wurden (1806). Das Kriegsglück war aber den Franzosen nicht sehr lange hold, und so zierten bald wieder preußische Uniformen Essens Straßenbild.

Bis zur 2. Hälfte des 18. Jahrhunderts spielte der Kohlenberg-
bau keine besondere Rolle. Da die Kohle nur in bescheidenem
Umfang genutzt wurde, lohnte sich ein Abbau größeren Stils
nicht. Es waren meist Kleinstbetriebe, in denen die Kohle aus
den Stollen geräumt wurde. Das änderte sich kräftig, als das

Interesse an der Kohle mit ihren zusätzlichen Einsatzmöglich-
keiten zu wachsen begann. Kein Geringerer als Friedrich der
Große förderte ihren Einsatz. Die Ruhr wurde schiffbar
gemacht, so daß bald erkleckliche Mengen Kohle auf ihr trans-
portiert werden konnten.

Allmählich aber begannen Kohle und Stahl das Gesicht Essens zu bestimmen. Neben Franz Dinnendahl, der in seiner Fabrik Maschinen fertigte, die dem Bergbau höchst nützlich waren, war es aber vor allem ein Name, der schon seit dem 16. Jahrhundert in den Bürgerlisten auftauchte, den man fortan mit Essen

51

in untrennbare Verbindung brachte. Friedrich Krupp errich-
tete seine Gußstahlfabrik, die, nach anfänglichen Schwierigkei-
ten, von seinen Nachkommen zu bekanntem Ausmaß und
Größe geführt wurde.

Die 1867 bei der Weltausstellung in Paris aufgebaute Riesen-
kanone, versetzte die Besucher in nicht unerhebliches Erstau-
nen und machte Krupps Namen in aller Welt berühmt. Das Pul-
sieren seiner Fabrik bestimmte bald den Lebensrhythmus
Essens. Durch die gleichzeitig einsetzende Industrialisierung,
deren Triebmittel die Kohle war, wuchs nun Essen, wie andere
Orte der Region, gewaltig.

In kurzer Zeit wurde aus einem kleinen Dorf eine Großstadt. Um nun aber nicht nur eine Ansammlung rauchender Schlote zu sein, sondern dem Anspruch, sich Stadt nennen zu dürfen, gerecht zu werden, öffnete Essen 1892 die Pforten seines ersten Stadttheaters. Sein Stifter war Friedrich Grillo, der dem Essener Geldadel entstammte. Oberbürgermeister Zweigert brachte Essen über die Jahrhundertwende und die Hunderttausendeinwohnermarke. Zu Beginn des 20. Jahrhunderts vergrößerte sich Essen durch zahlreiche Eingemeindungen, z.B. Altendorf, Frohnhausen und Holsterhausen. 1905 folgte Rüt-

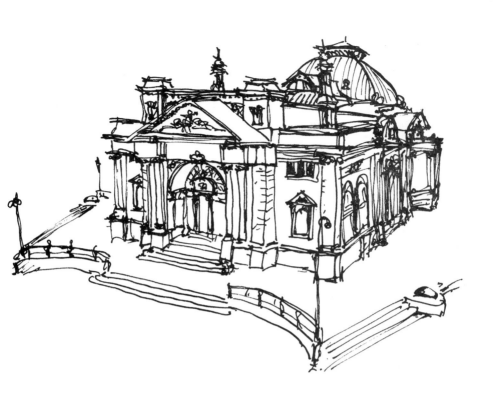

tenscheid, 1908 Huttrop, 1910 Rellinghausen und Fulerum.
Nun konnten sich bereits 300.000 Menschen Essener Bürger
nennen. Am Vorabend des 1. Weltkrieges war Essen die wich-
tigste Industriestadt des Ruhrgebietes. Durch die Umstände
gezwungen, begann man sich jetzt auf alte Traditionen zu besin-
nen. Man forcierte in gewaltigem Ausmaß die Produktion ver-
schiedenster Waffen von deren Qualität sich Ungezählte bald
überzeugen lassen mußten. In jenem Krieg arbeiteten zeitweilig
über hunderttausend Menschen bei Krupp.

Die häufigen Besuche des Kaisers bei den Krupps in der Villa
Hügel konnten allerdings auch nicht verhindern, daß der Krieg
zu Ende ging, in dem Essen 1915 im Zuge von Eingemeindungen kräftig weiterwuchs. Borbeck, Altenessen und Bredeney
steuerten rund 130.000 Einwohner zur Gesamtbevölkerung

bei. Streiks, Spartakisten, Freikorps und Reichswehr sorgten in der Zeit nach dem Kriege für reichlich Aufregung. Krupps Fabriken wurden großzügig demontiert, die Inflation ließ die Notenpressen heißlaufen.

Und 1923 kamen mal wieder die Franzosen, diesmal, um sich persönlich der pünktlichen Lieferung der Reparationsleistungen anzunehmen. Die Kohleförderung sank rapide, und die Franzosen trennten das Ruhrgebiet vom übrigen Deutschland. Doch auch dieser unerfreuliche Zeitabschnitt ging nach Streiks, der Einführung der Rentenmark und dem Abzug der Franzosen zu Ende.

Nun begann eine Phase, die von relativer Ruhe gekennzeichnet war. Essen erreichte seine aktuellen Dimensionen, man gab viel Geld aus um die Stadt zu verschönern, Parks wurden angelegt, die Gruga schmückte fortan das Stadtbild, der Baldeneysee entstand und der Große Brockhaus von 1930 kündete von Essen als der bedeutendsten Industriestadt Westdeutschlands.

Aber schon bald begann es wieder finster zu werden. Die Menschen im Ruhrgebiet bekamen die Folgen der Weltwirtschaftskrise zu spüren.

Massenarbeitslosigkeit und große wirtschaftliche Not: immer beglückende Umstände für extreme politische Richtungen! Am 30. Januar 1933 verbreiteten auch auf Essens Straßen die Fackeln der SA ihr unheilvolles Licht. Eine trügerische Wirtschaftsblüte ließ die Kohleförderung wieder ansteigen und Krupp bald aus dem Vollen schöpfen. Es war nur eine Frage der Zeit, bis der zweite große Krieg dieses Jahrhunderts ausbrach. Hatte Essen im Laufe seiner Geschichte schon reichhaltige Erfahrungen mit den Begleitumständen kriegerischer Auseinandersetzung gemacht, so übertraf das, was folgte, das bereits Erduldete in nicht für möglich gehaltener Weise. Schon allein die Art der Produkte, die in Essen gefertigt wurden, war Anlaß genug, bevorzugtes Ziel der Bomben zu werden. Der schwerste Sprengbombenangriff des ganzen Krieges pflügte noch einmal, wenige Tage vor dem endgültigen Zusammenbruch, die Trümmerwüste Essen um.

Die Stadt schien am Ende ihrer Geschichte angelangt.

Trotz allem — es ging weiter. Man räumte die Trümmer beiseite und die Kohle aus der Erde. Mit Care-Paketen und Kartoffeln aus improvisierten Gärten schlug man sich durch die ersten Jahre nach der Stunde Null.

Die Einwohnerzahl wuchs wieder und, etwas weniger schnell, auch die Zahl der Wohnungen. Um das Wirtschaftsgefüge der Stadt auf eine breitere Basis zu stellen, bemühte man sich, neben den traditionellen Industriebereichen Kohle und Stahl, verstärkt andere Wirtschaftszweige in Essen anzusiedeln. Der Anteil der Arbeitnehmer in Handel und Dienstleistung überflügelte bald den der Beschäftigten in Zechen und Fabriken.

Essen erfreute sich vor allem beim Einzelhandel größter
Beliebtheit, ein Umstand, der die Stadt bald zum Einkaufszen-
trum des Ruhrgebietes werden ließ.

Zufriedene, schnäppchenmachende Käufer bestimmen bis heute an so manchem Einkaufstag das Straßenbild in Essens City. 1958 gelangte die Stadt auch wieder zu kirchlichen Würden, als Essen zum Bischofssitz des gleichnamigen Bistums wurde. Neue Gebäude veränderten oberirdisch die Silhouette der Stadt, und unterirdisch wühlte sich die U-Bahn ihren Weg. Um die Bedeutung Essens zu unterstreichen, gönnte man sich ein Rathaus von erstaunlichen Ausmaßen. Eine ebenso sinnvolle wie dauerhafte Einrichtung auf dem Dach des Hauses kündete schon von fern am nächtlichen Himmel von der Bescheidenheit, die wahrer Größe entstammt.

Nun, polieren die einen am Image der Stadt, reden gar von Essen als der Metropole, halten andere die Stadt trotz ihrer Größe für ein erbärmliches Provinznest. Schwelgen die einen in lokalpatriotischen Höhen, versuchen andere sich der reizvollen Atmosphäre durch Auswanderung zu entziehen. Vielleicht liegt — wie so oft — die Wahrheit in der Mitte. Lassen wir deshalb die Geschichte an dieser Stelle enden — ohne den üblichen Ausblick auf die Zukunft.

Essener Erinnerungen

Denk- und Merkwürdiges von einer Stadt und ihren Menschen
Wolfgang Schulze · Arnold Weiler

Dieses Buch stützt sich erstmals auf seltene historische
Bilddokumente, die fast ausnahmslos unpubliziert sind und in
dieser Reichhaltigkeit eine ernstzunehmende Quelle
heimatgeschichtlicher Forschung darstellen.

132 Seiten mit 128 zum Teil farbigen Abbildungen,
Format 21 x 21 cm, 28,50 DM (ISBN 3-922693-52-0)

Überall im Buchhandel erhältlich.

Die Sagenwelt des Pferdes

Wolfgang Schulze
200 Seiten mit zahlreichen Abbildungen, Leinen, DM 24,80

Sagen, Erzählungen, Legenden, Fabeln und Märchen aus der
Geschichte des Pferdes sind hier in einer faszinierenden
Anthologie zusammengestellt worden. Der Autor hat sich
aber nicht damit begnügt, sämtliche Geschichten neu zu erzählen.
Durch die geschickte Anbindung der Überlieferungen an die
historischen Fakten ist ein hochinteressantes hippologisches
Handbuch entstanden, das jeden Pferdefreund begeistern wird.

Aus unserem Programm:

Wolfgang Schulze
Die schönsten Sagen aus Essen
Band 1 und Band 2
Jeder Band 128 Seiten, illustriert

Wolfgang Schulze · Arnold Weiler
Essener Erinnerungen
Bildband mit 128 zum Teil farbigen
historischen Ansichten, 132 Seiten

Barbara Meyer-Ritz
**In geheimer Mission
für die Äbtissin**
Eine Heimatgeschichte aus
Alt-Essen, 120 Seiten, illustriert

Wolfgang Schulze
Die schönsten Sagen aus Düsseldorf
144 Seiten, illustriert

Horst-Johannes Tümmers
**Die schönsten Sagen
und Legenden aus Köln**
136 Seiten, illustriert

Fritz Meyers
Die schönsten Sagen vom Niederrhein
144 Seiten, illustriert

Wolfgang Schulze
Die schönsten Sagen aus Münster
128 Seiten, illustriert

Maria Finkeldei
Die schönsten Sagen aus Dortmund
128 Seiten, illustriert

Wolfgang Schulze
Die schönsten Sagen des Wuppertals
Wuppertal −Remscheid −
Solingen − Schloß Burg
128 Seiten, illustriert

Hans Geib, Kurt Schnöring
Aus dem Bergischen Liefersack
132 Seiten Histörchen und
Schmunzelgeschichten

Gerhard Eckert
Die schönsten Sagen aus Hamburg
136 Seiten, illustriert

Manfred Wedemeyer
Die schönsten Sagen der Insel Sylt
116 Seiten, illustriert

Manfred Wedemeyer
**Käuze, Künstler, Kenner −
kaum gekanntes Sylt**
144 Seiten, illustriert

Gerhard Eckert
Die schönsten Sagen aus Braunschweig
128 Seiten, illustriert

Fritz Zimmermann
**Die schönsten Sagen aus Hannover
und Umgebung**
144 Seiten, illustriert

Broder M. Kettelsen
**Die schönsten Sagen aus
Schleswig-Holstein**
144 Seiten, illustriert

Richard Meinel
Die schönsten Sagen aus Stuttgart
128 Seiten, illustriert

Ursel Scheffler
Die schönsten Sagen aus Nürnberg
144 Seiten, illustriert

Wolfgang Schulze
Die Sagenwelt des Pferdes
200 Seiten, illustriert

Wolfgang Schulze
**Die schönsten Bergbausagen
aus dem Ruhrgebiet**
144 Seiten, illustriert

Hermann Hagedorn
Hatte on Heme Botterblaumen
Plattdeutsche Gedichte

Unsere Luftbildbände:

Corneel Voigt
Flug über Essen
140 farbige Luftbilder

Corneel Voigt
Flug über Düsseldorf
140 farbige Luftbilder

Verlag Pomp & Sobkowiak · 4300 Essen 11